알록달록 빛나는 나

NE능률

따뜻한 글을 쓴 선생님이……

이현정 따라 쓰는 과정에서 자연스럽게 좋은 습관과 생각이 자라날 거예요.
김서나경 마음은 알아채기 어려워요. 이 책이 나도 모르는 내 마음을 쉽게 이해하도록 도와줄 거예요.
왕입분 새로운 세상을 배우고, 친구들과 함께 웃으며, 매일매일 즐거운 추억을 만들어 보세요.

재기 발랄한 그림을 그린 선생님이……

루루 학교생활이 재밌고 즐거운 추억으로 가득 채워지길 바라요.
명하나 마음을 가만히 들여다봐요. 내 마음도 다른 사람의 마음도 잘 살피는 다정한 사람이 되길 바라요.
혜경 가끔은 자신이 마음에 안 들 때도 있지. 그럼 어때. 항상 좋을 수는 없잖아. 자기 자신을 사랑해 봐!
유현진 오늘의 작은 일들이 모여 자신을 조금씩 더 멋진 사람으로 만들어 줄 거예요!
김경진 다른 사람과 함께 걷는다는 것은 때론 신나고 때론 기다림을 배우는 시간이 될 거예요.
지효진 책을 읽고 학교생활을 하며 사회성을 쑥쑥 키우길 바랍니다.
정희정 지금의 너처럼, 우리의 마음이 자라면 세상도 더 넓어질 거야.
윤희재 여러분의 꿈이 한 뼘 더 자라게 될 테니 자신 있게 나아가 봐요.

이 책을 기획한 선생님이……

NE 초등마음연구회 글은 마음의 거울이래요. 이 책에 담는 정성만큼, 여러분의 마음도 예쁘게 자랄 거예요.

    최근 우리 아이들은 또래 관계, 과도한 학습 경쟁, 인성 교육의 부재 등으로 정서적 어려움을 겪고 있습니다. 이런 아이들의 마음을 행복하게 하고 건강한 사회의 구성원이 되도록 도와주기 위해서는 무엇이 필요할까요?

    교육부에서는 2025년부터 사회정서교육을 도입하고 있습니다. 이 교육은 자기 이해, 자기 관리, 타인 이해, 대인 관계, 책임 있는 의사 결정의 5대 핵심 역량을 증진하는 데 목적이 있습니다. 사회정서교육을 통해 아이들의 마음 건강에 도움을 주고, 행동 문제를 예방하고자 하고 있습니다.

    쓱쓱쓱쓱은 사회정서교육의 핵심 역량을 아이들이 공감할 수 있는 이야기에 담아 표현했습니다. 아이들이 직접 겪어 볼 수 있는 일화가 담긴 글을 읽으며 글 안에 담겨 있는 사회정서의 핵심 역량을 스스로 찾고 생각하며 마음에 새길 수 있도록 하였습니다.

    특히 책의 내용을 마음에 새기는 데 효과적인 활동인 '따라쓰기'를 활용하여, 아이들이 생각해 볼 만한 부분을 원고지에 직접 따라 쓰도록 구성하였습니다.

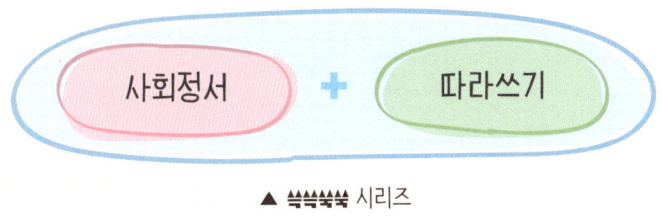

▲ 쓱쓱쓱쓱 시리즈

    쓱쓱쓱쓱을 통해 사회정서의 핵심 역량을 담은 글을 읽으며 마음을 치유하고, 이를 따라 쓰며 그 내용을 마음에 새겨 보세요. 쓰기 자신감이 향상되는 효과도 함께 얻을 수 있습니다.

    이제 우리의 마음을 따뜻하게 할 이야기들과 만날 준비가 되셨나요?

이 책의 활용법

　이 책은 '나'에 관한 사회정서 주제를 중심으로, 이야기를 읽고 따라 쓰며 생각과 마음을 함께 키울 수 있도록 구성되어 있어요. 다양한 주제의 이야기를 읽으면서 문해력을 키우고, 주제에 맞는 내용을 따라 쓰면서 올바른 쓰기 습관을 길러 보세요. 낱말 놀이를 통해 어휘력도 함께 성장시킬 수 있어요.
　다음 순서로 활용해 보세요.

01 오늘의 주제를 확인하고, 이야기를 천천히 읽어요.

밑줄 친 부분은 주제가 담겨 있고, 원고지에 따라 쓸 부분이에요.

02 이야기 속 어려운 어휘를 살펴보아요.

03 밑줄 친 부분을 다시 읽고, 원고지에 따라 써요.

04 오늘 느낀 내 마음을 한 줄 일기로 써요.

05 각 장이 끝나면, 낱말 놀이를 하며 어휘력을 키워요.

* 정답은 마지막 페이지에서 확인할 수 있어요.

쓱쓱 따라 쓰는 한 줄 한 줄 속에서
마음은 단단해지고
생각은 자라납니다.
읽고, 쓰고, 생각하는 과정을 통해
사회정서의 힘을
쑥쑥 성장시켜 보세요.

차례

1장
나는 이런 사람이에요

- **01** 나는 차분하고 꼼꼼해요 — 08
- **02** 친구가 울면 나도 눈물이 나요 — 10
- **03** 나는 궁금한 게 많아요 — 12
- **04** 나는 혼자만의 시간이 좋아요 — 14
- **05** 나는 친구들과 어울릴 때 힘이 나요 — 16
- **낱말 놀이** — 18

2장
내가 좋아하는 것을 찾아요

- **06** 나는 춤출 때 행복해요 — 20
- **07** 나는 매일 상상하는 것을 기대해요 — 22
- **08** 나는 그림 그리는 게 좋아요 — 24
- **09** 나는 무언가를 만들 때 즐거워요 — 26
- **10** 나는 게임하는 것을 좋아해요 — 28
- **낱말 놀이** — 30

3장
내 꿈을 위한 목표를 세워요

- **11** 나는 여러 가지 꿈이 있어요 — 32
- **12** 내가 좋아하는 일로 목표를 세워요 — 34
- **13** 실패해도 새로운 목표를 찾아요 — 36
- **14** 작은 목표를 세우고 실천해요 — 38
- **15** 꿈을 이루려면 노력이 필요해요 — 40
- **낱말 놀이** — 42

4장
나는 소중한 사람이에요

- **16** 실수할 수도 있어요 — 44
- **17** 내가 먼저 사과할 수도 있어요 — 46
- **18** 나에게도 나만의 멋진 점이 있어요 — 48
- **19** 나를 아껴 주는 사람들이 있어요 — 50
- **20** 스스로를 소중히 여겨요 — 52
- **낱말 놀이** — 54

5장
건강한 마음을 길러요

21	우울할 땐 친구와 이야기해요	56
22	SNS에 빠지지 않아요	58
23	고민이 있으면 어른에게 말해요	60
24	나는 나다운 내가 좋아요	62
25	숨기지 말고 솔직하게 말해요	64
	낱말 놀이	66

6장
스트레스를 잘 다스려요

26	좋아하는 영화를 봐요	68
27	맛있는 음식을 먹어요	70
28	쉴 때는 충분히 쉬어요	72
29	아무 생각도 하지 않아요	74
30	상담 선생님의 도움을 받아요	76
	낱말 놀이	78

7장
스스로 조절하는 힘을 키워요

31	아무 때나 스마트폰을 보지 않아요	80
32	오늘 할 일을 하나씩 실천해요	82
33	시간 약속을 잘 지켜요	84
34	하기 싫은 일도 해요	86
35	참을 줄도 알아야 해요	88
	낱말 놀이	90

8장
나를 지키는 힘을 길러요

36	싫은 것은 싫다고 말해요	92
37	내 물건은 내가 챙겨요	94
38	친한 사이에서도 지켜야 할 것이 있어요	96
39	거절할 줄도 알아야 해요	98
40	나만의 공간과 시간은 소중해요	100
	낱말 놀이	102

원고지 쓰는 방법

원고지에 글을 쓸 때는 방법을 알아야 해요. 원고지에 글을 쓰면 글씨를 바르게 쓰는 방법, 띄어쓰기 등도 함께 익힐 수 있어요.

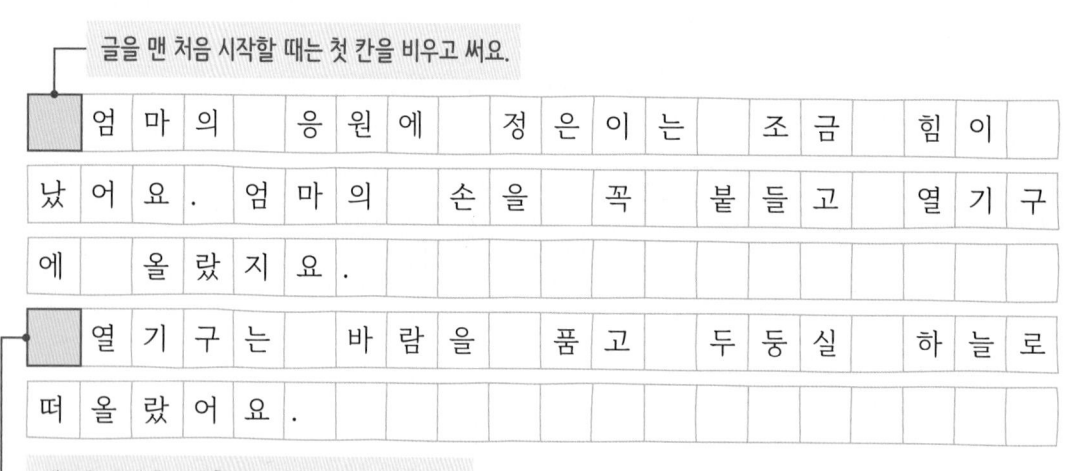

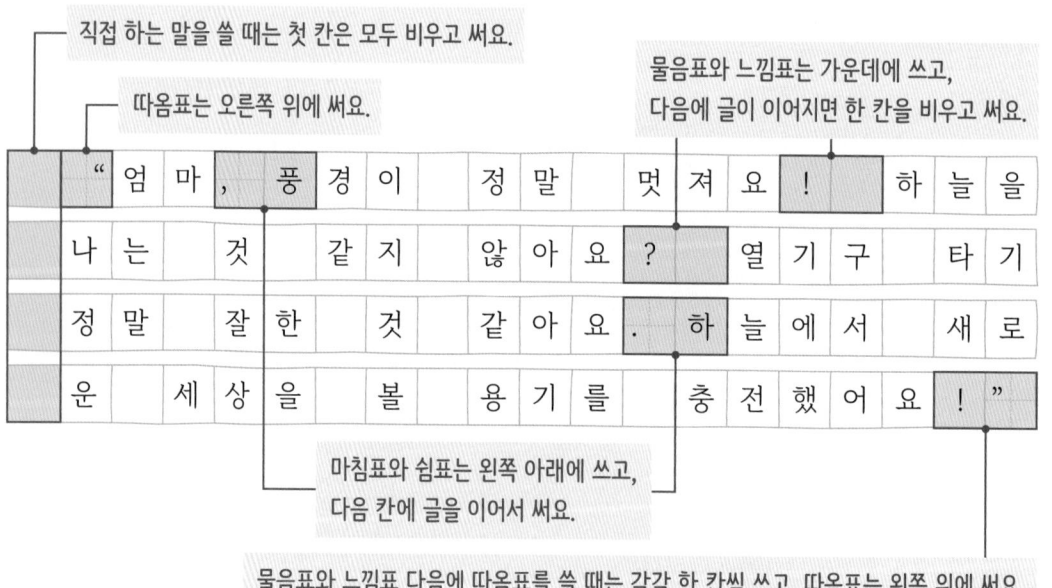

1장
나는 이런 사람이에요

01 나는 차분하고 꼼꼼해요

　우리 가족은 봄 소풍을 가기로 했어요. 엄마는 도시락을 준비했고, 아빠는 돗자리를 챙겼어요. 나는 필요한 물건을 곰곰이 생각하다가 아빠에게 말했어요.
　"아빠, 혹시 모르니까 벌레 물릴 때 바르는 약도 챙길게요."
　"그래, 우리 수지는 참 *꼼꼼하구나."
　아빠는 고개를 끄덕이셨어요. 나는 약을 가방에 넣고, *차분히 소풍 갈 준비를 마쳤지요.
　공원에 도착해 돗자리를 펴고 도시락을 먹고 있었어요. 그때 갑자기 동생이 "아야!" 하며 다리를 긁었어요. 다리에는 벌레 물린 자국이 빨갛게 올라와 있었어요. 나는 준비해 온 약을 꺼내서 조심스럽게 발라 주었어요.
　"이 약을 바르면 금방 나을 거야."
　내 말에 동생이 방긋 웃었어요.
　나의 차분하고 꼼꼼한 성격이 반짝 빛나는 순간이었어요. 내가 꼼꼼하게 준비한 덕분에 동생에게 도움을 줄 수 있었답니다.

*꼼꼼하구나 빈틈이 없이 차분하고 조심스럽구나.
*차분히 마음이 가라앉아 조용하게.

밑줄 친 부분을 쑥쑥 **따라 써 봐요**　　　　　읽고 쓴 날　　월　　일

한 줄 일기를 쓰고 쑥쑥 **마음을 키워요**

02 친구가 울면 나도 눈물이 나요

체육 수업 시간에 주아가 운동장에서 달리기를 하다 넘어져 무릎이 까졌어요.
"으앙, 너무 아파!"
주아는 울음을 터뜨렸지요. 그 순간 옆에 있던 하준이의 눈에도 금세 눈물이 맺혔어요.
"주아야, 괜찮아? 내가 다 아픈 것 같아."
하준이는 주아의 옆에 쪼그려 앉아 눈물을 글썽였어요.

주아는 무릎이 쓰라렸지만, 하준이의 진심 어린 표정을 보자 울음이 조금 가라앉았지요. 주아는 눈물을 훔치며 하준이에게 말했어요.
"하준아, 너는 왜 우는 거야?"
하준이는 코를 훌쩍이며 대답했어요.
"네가 아픈 걸 보니까 나도 마음이 아파."
주아는 하준이의 말에서 따뜻한 마음이 전해지는 것 같았어요. 그러곤 평상시 하준이의 모습을 떠올렸어요.

하준이는 다른 사람이 슬퍼하면 그냥 지나치지 못하고 함께 눈물 흘리며 마음을 나누는 친구였어요. 그래서 하준이가 곁에 있으면 마음이 *든든했지요. 모두 하준이의 따뜻한 모습 덕분에 큰 *위로를 받고 있답니다.

---

*든든했지요 어떤 것에 대한 믿음으로 마음이 허전하거나 두렵지 않고 굳셌지요.
*위로 따뜻한 말이나 행동으로 괴로움을 덜어 주거나 슬픔을 달래 줌.

밑줄 친 부분을 따라 써 봐요　　　　　　　　　읽고 쓴 날　　월　　일

한 줄 일기를 쓰고 마음을 키워요

03 나는 궁금한 게 많아요

　민하네 가족은 매일 *영양제를 챙겨 먹어요. 민하도 아침 식사 후에 비타민을 하나씩 먹지요. 그런데 민하는 엄마가 먹는 노란색의 반짝이는 투명한 알약이 신기해 보였어요.
　'이 안에는 뭐가 들어 있을까?'
　민하는 궁금증을 참지 못하고 가위를 꺼냈어요. 알약을 자르는 순간, 비린 생선 냄새가 확 풍겼어요. 민하는 손가락으로 코를 잡았어요.
　"으악, 왜 생선 비린내가 나는 거야?"
　민하의 말을 들은 엄마가 웃으며 말씀하셨어요.
　"이 영양제는 연어나 고등어 같은 생선에서 나온 기름으로 만들어져서 비린내가 난단다. 냄새를 막으려고 투명한 껍질로 감싸 두는 거지."
　그제야 민하는 고개를 끄덕였어요. 민하의 궁금증은 풀렸지만, 방 안에는 한동안 생선 비린내가 가득했지요. 그래도 궁금증이 풀리고 나니 속이 다 시원했어요. 앞으로도 궁금한 것이 생기면 그냥 넘기지 않고 *탐구해 보기로 했답니다.

*영양제　영양을 보충하는 약.
*탐구　진리, 학문 등을 파고들어 깊이 연구함.

밑줄 친 부분을 쓱쓱 따라 써 봐요   읽고 쓴 날   월   일

한 줄 일기를 쓰고 쓱쓱 마음을 키워요

04 나는 혼자만의 시간이 좋아요

준희는 *혼자서 생각하는 시간을 좋아해요. 그런 준희에게는 특별한 *비밀 수첩이 있어요. 학교에서 쉬는 시간이나 점심시간처럼 조용한 순간이 찾아오면 준희는 수첩을 꺼내 글을 쓰거나 그림을 그리곤 하지요. 비밀 수첩 속에는 상상 속의 동물, 미래에 살고 싶은 집, 우주에 관한 이야기와 같은 준희만의 세상이 가득 담겨 있어요.

어느 날, 점심시간에 짝꿍 민준이가 궁금한 표정으로 물었어요.

"준희야, 이 수첩은 뭐야?"

"나만의 비밀 수첩이야. 혼자 있는 시간이 생길 때마다 내 생각을 적고 있어."

민준이는 준희를 따라서 혼자만의 시간을 가져 보기로 했어요. 하지만 얼마 지나지 않아 수첩을 덮더니 벌떡 일어나 운동장으로 달려 나갔어요. 준희는 민준이의 뒷모습을 보고 살며시 웃으며 다시 수첩을 펼쳤어요. 혼자서 조용히 있을 수 있는 이 순간이 준희에게는 가장 편안한 시간이었지요. 혼자 있을 때 가장 자신다운 기분이 들었답니다.

*혼자 다른 사람과 어울리거나 함께 있지 않고 그 사람 한 명만 있는 상태.
*비밀 숨기어 남에게 드러내거나 알리지 말아야 할 일.

밑줄 친 부분을 🌲🌲 따라 써 봐요   읽고 쓴 날   월   일

한 줄 일기를 쓰고 🌲🌲 마음을 키워요   ☀ ☁ ☂ ☃

05 나는 친구들과 어울릴 때 힘이 나요

나는 주말 내내 집에 있었어요. 하루 종일 텔레비전을 보고, 맛있는 음식도 먹고, 낮잠을 잤는데도 이상하게 *기운이 나지 않았어요. 혼자 있으니까 심심하고, 몸이 점점 아픈 것처럼 느껴졌지요.

"휴, 왜 이렇게 피곤하지? 기운이 나질 않아."

나는 괜히 한숨만 내쉬었어요. 그렇게 주말이 끝났지요.

다음 날, 월요일이 되어 학교에 갔어요. 교실에 들어가 친구들과 반갑게 인사를 나누고, 수업 시간에는 틈틈이 이야기를 주고받았어요. 점심시간에는 다 같이 맛있게 밥을 먹었고, 운동장에 나가서 신나게 뛰어놀기도 했어요. 그러자 기운 없던 몸이 언제 그랬냐는 듯이 가뿐해졌어요. 우울했던 기분도 사라졌지요.

'나한테는 친구들이 필요해. 친구들과 함께 있으면 힘이 나고 *활기가 솟아나!'

나는 혼자보다 친구들과 어울릴 때 에너지가 생긴다는 것을 알게 되었어요. 그리고 함께 웃고 떠들 때 비로소 내 모습이 살아난다는 것도요.

*기운 생물이 살아 움직이는 힘.
*활기 활동력이 있거나 활발한 기운.

밑줄 친 부분을 쏙쏙 따라 써 봐요   읽고 쓴 날   월   일

한 줄 일기를 쓰고 쑥쑥 마음을 키워요

사다리를 타며 낱말을 찾아봐!

다음은 어떤 낱말의 뜻인지 사다리를 타고 내려가 확인해 보세요.

- 마음이 가라앉아 조용하다.
- 진리, 학문 등을 파고들어 깊이 연구함.
- 숨기어 남에게 드러내거나 알리지 말아야 할 일.
- 따뜻한 말이나 행동으로 괴로움을 덜어 주거나 슬픔을 달래 줌.

비밀 　 위로 　 차분하다 　 탐구

2장

내가 좋아하는 것을 찾아요

06 나는 춤출 때 행복해요

텔레비전을 보는데 음악이 귀에 쏙쏙 들어왔어요. 방과 후 댄스 수업 시간에 들었던 노래였어요. 나도 모르게 몸이 흔들흔들, 발은 동동, 손은 찰싹찰싹 움직였어요. 그때 뒤에서 아빠가 말씀하셨어요.

"우아, 리안이 춤 멋지다."

나는 조금 부끄러웠지만 멈추고 싶지는 않았어요. 내 엉덩이는 의자에 앉아 있는 것보다 움직이는 걸 더 좋아하거든요.

"리안이는 그 사이에 아이돌이 다 됐네!"

엄마도 와서 손뼉을 치며 말씀하셨어요.

나는 신이 나서 회오리 춤, 로봇 춤까지 췄어요. 다리는 문어처럼 팔은 헬리콥터 날개처럼 움직였지요. 정신없이 춤을 추고 나니까 이마엔 땀이 맺히고, 목이 바짝 말랐어요. 엄마는 나를 보고 물을 건네며 말씀하셨어요.

"리안아, 너 *무아지경으로 춤을 추더라!"

나는 리듬에 몸을 맡기고 신나게 춤을 췄어요. 손과 발을 마음 가는 대로 움직이다 보면 웃음이 절로 나와요. 나는 춤을 출 때 정말 *행복하답니다.

* **무아지경** 정신이 한곳에 온통 쏠려 스스로를 잊고 있는 상태.
* **행복** 생활에서 충분한 만족과 기쁨을 느끼어 흐뭇함. 또는 그러한 상태.

밑줄 친 부분을 쓱쓱 따라 써 봐요　　　　　읽고 쓴 날　월　　일

한 줄 일기를 쓰고 쓱쓱 마음을 키워요

07 나는 매일 상상하는 것을 기대해요

진오는 매일 *상상을 해요. 길을 걸을 때도, 창밖을 볼 때도 머릿속에는 늘 새로운 이야기가 가득하지요. 오늘도 진오는 침대에 누워서 책을 읽다가 *탐험 대장이 된 모습을 상상하기 시작했어요.

순식간에 진오는 으스스한 숲으로 순간 이동을 했지요. 그러자 등이 뾰족뾰족하고 날카로운 이빨을 가진 악어 괴물이 나타났어요.

"나는 진오 대장이다! 내 칼 공격을 받아라!"

"으악!"

괴물은 진오의 칼 휘두르기에 쓰러지고 말았어요.

"진오야, 잘 준비는 다 됐니?"

"네, 이제 자려고요."

아빠의 목소리가 들려오자, 괴물이 흔적도 없이 사라졌지요.

진오는 침대 옆에 올려 둔 공책과 연필을 꺼냈어요. 오늘 상상 속에서 떠난 모험을 즐거운 마음으로 정리했지요. 공책 속에 적힌 이야기를 보니 다시 모험을 다녀온 듯 설레었어요. 내일은 상상 속에서 어떤 이야기가 펼쳐질지 벌써 기대가 되었답니다.

---

*상상 실제로 경험하지 않은 현상이나 사물에 대하여 마음속으로 그려 봄.
*탐험 위험을 무릅쓰고 어떤 곳을 찾아가서 살펴보고 조사함.

밑줄 친 부분을 쓱쓱 따라 써 봐요   읽고 쓴 날   월   일

한 줄 일기를 쓰고 쑥쑥 마음을 키워요

08 나는 그림 그리는 게 좋아요

며칠 전, 나는 된장국에 들어 있던 파를 몰래 골라서 버리다가 엄마에게 혼이 났어요. 그날 이후로 나는 파만 보면 괜히 화가 나요. 그래서 파를 *우스꽝스러운 캐릭터로 바꿔서 *복수하기로 했어요.

먼저 파 뿌리를 수염처럼 그리고, 줄기는 초록색 머리카락처럼 색칠했어요. 눈, 코, 입과 손을 그려 넣으니 파 캐릭터가 완성되었지요. 너무 웃기게 생겨서 나도 모르게 피식 웃음이 났어요.

"엄마, 맛없는 파를 변신시켰어요."

"어머, 정말 웃기게 생겼네."

엄마의 말씀에 나는 신이 나서 여러 표정의 파 캐릭터를 그리기 시작했어요. 놀란 얼굴, 찡그린 얼굴까지. 그림을 그리는 게 점점 더 재미있었지요.

여전히 파는 맛이 없었지만, 그림 속에서는 더 이상 내가 싫어하는 채소가 아니었어요. 오히려 나와 함께 장난치고 노는 친구가 되었지요. 그래서 나는 무엇이든 특별하게 바꿀 수 있는 그림 그리기가 정말 좋아요.

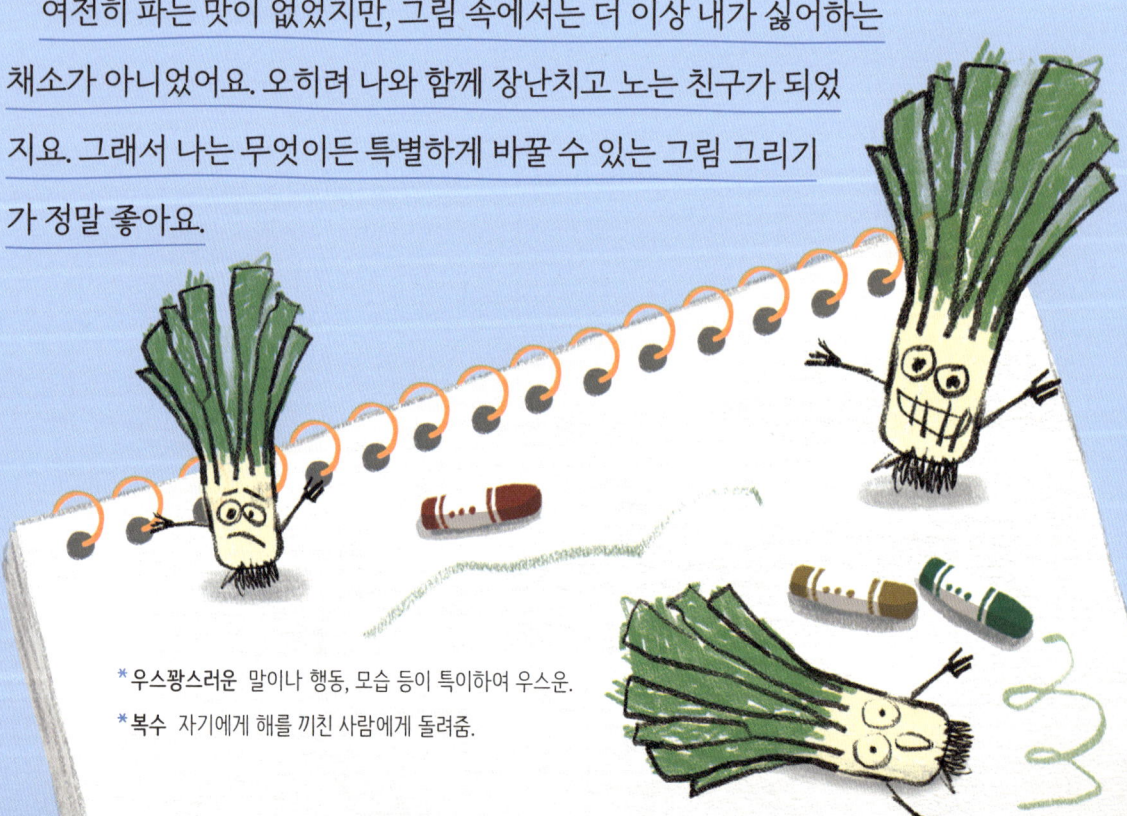

*우스꽝스러운 말이나 행동, 모습 등이 특이하여 우스운.
*복수 자기에게 해를 끼친 사람에게 돌려줌.

밑줄 친 부분을 쑥쑥 따라 써 봐요 읽고 쓴 날   월   일

한 줄 일기를 쓰고 쑥쑥 마음을 키워요

09 나는 무언가를 만들 때 즐거워요

송이는 어려서부터 무언가를 만드는 것을 좋아했어요. 장난감이 고장 나면 테이프로 뚝딱 고쳤고, 상자를 잘라서 동생에게 집을 만들어 주기도 했지요. 가족들은 그런 송이를 '만들기 대장'이라고 불렀어요.

오늘도 송이는 색종이와 가위를 꺼내 종이 인형을 만들기 시작했어요. 색연필로 얼굴을 그리고 예쁘게 색칠도 했어요. 원피스, 운동화, 모자까지 정성껏 만들고 가위로 *오렸지요. 그렇게 세상에 하나뿐인 자신만의 종이 인형을 완성했어요.

"언니, 아직도 만들기를 하고 있어?"

동생의 목소리에 시계를 보니 두 시간이 훌쩍 지나 있었어요. 손끝은 바빴지만, 마음은 신이 났어요. 마치 내가 만든 작은 세상이 생긴 것 같았거든요.

송이에게 만들기는 자신이 생각한 것을 이 세상에 만들어 내는 *특별한 일이에요. 무언가를 만들 때는 시간이 가는 줄도 모를 만큼 즐겁거든요. 송이는 동생에게 완성된 종이 인형을 보여 주며 씩 웃었답니다.

*오렸지요 칼이나 가위 등으로 베어냈지요.

*특별한 보통과 구별되게 다른.

밑줄 친 부분을 쓱쓱 따라 써 봐요   읽고 쓴 날   월   일

한 줄 일기를 쓰고 쑥쑥 마음을 키워요   ☀ ☁ ☂ ☂

10 나는 게임하는 것을 좋아해요

오늘 학교 수업 중에 자신이 좋아하는 것을 발표하는 시간이 있었어요. 친구들은 "농구요!", "노래 부르기요." 하고 척척 말했지만, 나는 쉽게 대답하지 못했어요.

"저도 좋아하는 게 있는데, 말하기가 조금 그래요."

내가 *머뭇거리자, 선생님이 말씀하셨어요.

"지혁이는 게임을 좋아하지? 어제도 좀비를 잡았다면서!"

나는 게임을 좋아한다고 말하면 안 될 것 같았어요. 어른들은 게임하지 말라고 하니까요. 그때 선생님이 말씀을 이어 하셨어요.

"지혁아, 게임을 좋아해도 괜찮아. 게임은 문제 해결과 협동심을 길러 줄 수 있단다. 다만, 게임을 너무 오래 하거나 폭력적인 내용의 게임을 많이 하면 위험하다는 거야. 네가 좋아하는 것을 숨기지 않아도 돼."

나는 선생님의 말씀에 용기를 내어 손을 번쩍 들고 말했어요.

"저는 게임하는 것을 좋아해요. 특히 좀비 잡기 게임이요!"

지혁이의 발표에 교실 안은 웃음바다가 되었어요. 그리고 선생님도 환하게 웃으셨지요. 그날 이후 나는 *당당한 좀비 잡기 용사가 되었답니다.

* 머뭇거리자 말이나 행동 등을 선뜻 정하여 행하지 못하고 자꾸 망설이자.
* 당당한 남 앞에 내세울 만큼 모습이나 태도가 떳떳한.

밑줄 친 부분을 쓱쓱 따라 써 봐요   읽고 쓴 날   월   일

한 줄 일기를 쓰고 쑥쑥 마음을 키워요

꼬불꼬불 길을 따라 문장을 만들어 봐!
다음 문장의 빈칸에 들어갈 낱말을 찾아 길을 따라가 보세요.

송이는 상자를 ☐ 집을 만들었어요.

나는 크레파스로 ☐ 표정의 파를 그렸어요.

리안이는 음악에 맞춰 춤을 출 때 ☐.

행복해요 오려서 우스꽝스러운

3장

내 꿈을 위한 목표를 세워요

11 나는 여러 가지 꿈이 있어요

나는 이모와 함께 음악 방송을 보고 있었어요. 내가 좋아하는 아이돌의 무대를 보며 노래를 따라 불렀지요.

"나도 무대에서 노래해 보고 싶다!"

내 말에 이모가 웃으며 물었어요.

"연아의 *꿈은 아이돌이야?"

"음, 아이돌 가수도 되고 싶고, 스튜어디스도 되고 싶고, 의사도 되고 싶어."

내 대답에 이모가 말했어요.

"연아는 꿈이 정말 많구나! 나도 어렸을 때는 선생님도, 과학자도 되고 싶었어."

"우아, 이모도 꿈이 많았네!"

내 말에 이모는 고개를 끄덕이며 대답했어요.

"응, 선생님의 꿈은 이루었지만, 과학자의 꿈은 지금도 진행 중이야. 나는 방구석 과학자거든! 새로운 전자제품이 나오면 직접 써 보면서 과학의 *발전을 느끼고 있지. 꿈은 여러 모습으로 이어질 수 있어."

나는 이모네 집에 있는 로봇 청소기, 스마트 냉장고, 춤추는 스피커가 떠올랐어요. 그리고 꿈이 많다는 것은 멋진 일이라고 생각했답니다.

*꿈 실제로 이루고 싶은 희망이나 이상.
*발전 더 낫고 좋은 상태나 더 높은 단계로 나아감.

밑줄 친 부분을 쓱쓱 따라 써 봐요 읽고 쓴 날   월   일

한 줄 일기를 쓰고 쑥쑥 마음을 키워요

12 내가 좋아하는 일로 목표를 세워요

요즘 나는 기타 *연주에 푹 빠져 있어요. 집에서 시간이 날 때마다 기타를 쳐요. 그런데 어느 날, 아빠가 놀라운 이야기를 들려주셨어요.

"하연아, 할아버지의 어릴 적 꿈이 트로트 가수였단다."

"정말요? 처음 알았어요!"

나는 할아버지를 위해 기타로 트로트를 연주해 드려야겠다고 마음먹었어요. 그날부터 할아버지가 좋아하시는 노래를 매일 *연습했어요. 할아버지가 기뻐하실 모습을 떠올리니, 기타 연주가 더 즐거워졌지요.

드디어 할아버지께 연주를 들려드리는 날이 되었어요. 나는 떨리는 손으로 기타를 쳤어요.

"할아버지, 이 노래 기억나세요?"

할아버지는 행복한 미소를 지으시며 내 옆에 앉아 구성지게 노래를 부르셨어요. 내 기타 연주와 할아버지의 노래가 만나는 순간, 할아버지는 눈시울을 붉히며 말씀하셨어요.

"하연아, 네 덕분에 내 어릴 적 꿈을 이룬 것 같구나."

그날 나는 기타 연주로 할아버지를 기쁘게 해 드릴 수 있어서 마음이 뿌듯했어요. 그래서 기타가 더 좋아졌답니다.

---

* **연주** 악기를 다루어 곡을 표현하거나 들려주는 일.
* **연습했어요** 학문이나 기술, 예술 등을 익숙하도록 되풀이하여 익혔어요.

밑줄 친 부분을 쓱쓱 따라 써 봐요　　　　　　　　　　읽고 쓴 날　　월　　일

한 줄 일기를 쓰고 쑥쑥 마음을 키워요

13 실패해도 새로운 목표를 찾아요

학교에서 모둠별로 짧은 연극 영상을 만들어 제출하는 영상 콘텐츠 대회가 열렸어요. 선우는 평소에 글 쓰는 것을 좋아했기에 자신이 속한 모둠에서 정한 주제로 멋진 대본을 완성했어요.

"선우야, 네가 대본을 썼으니까, 주인공도 맡아 봐. 네가 제일 잘 표현할 것 같아."

친구들의 말에 선우는 알겠다고 했어요.

며칠 동안 선우와 친구들이 열심히 촬영을 했지만, 선우가 주인공으로 나오는 장면은 다시 찍을 때가 많았어요. 대사를 자꾸 까먹었고, 표정도 어색했지요. 누구보다 속상했던 선우는 마침내 결심했어요.

"나보다는 다른 친구가 주인공을 하는 게 나을 것 같아. 나는 연출을 맡을게. 내가 쓴 대본이라 장면을 잘 떠올릴 수 있어."

"그래! 그게 좋겠다."

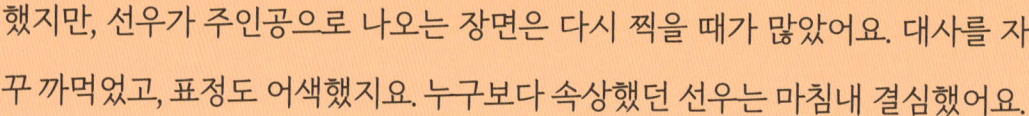

선우의 말에 친구들도 흔쾌히 대답했어요. 선우가 연출을 맡자, 촬영은 전보다 훨씬 나아졌어요. 그때 선우는 깨달았지요. 연기를 하는 것은 실패했지만 *연출자라는 새로운 *목표를 찾았다는 것을요. 실패는 끝이 아니라 또 다른 시작이라는 것을 알았답니다.

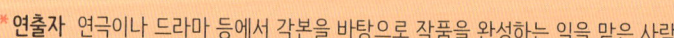

*연출자 연극이나 드라마 등에서 각본을 바탕으로 작품을 완성하는 일을 맡은 사람.
*목표 어떤 목적을 이루려고 대상으로 삼음. 또는 그 대상.

밑줄 친 부분을 쓱쓱 따라 써 봐요　　　　　읽고 쓴 날　　월　　일

한 줄 일기를 쓰고 쓱쓱 마음을 키워요

14 작은 목표를 세우고 실천해요

윤희는 수학이 재미있어요. 하지만 막상 수학 문제집을 펼치면 머릿속이 복잡해졌어요. 숫자들이 춤을 추고, 더하기는 뺄셈이 되고, 답은 엉뚱한 나라로 떠나 버리기 *일쑤였어요.

이번 수학 단원 평가에서도 실수로 문제를 틀려서 엄마의 잔소리가 쏟아졌어요. 기분이 상한 윤희는 방문을 쾅 닫고 방 안으로 들어갔어요. 잠시 뒤, 오빠가 조심스럽게 문을 열고 들어와 말했어요.

"속상하지? 네 마음 알아. 나도 수학을 좋아했지만, 자꾸 틀려서 답답했던 적이 있었어. 그래서 작은 목표를 세웠지."

"어떤 목표인데? 100점 맞기?"

윤희가 묻자, 오빠는 고개를 저으며 웃었어요.

"아니, 매일 수학 문제 한 개를 제대로 풀기! 작아 보여도 *꾸준히 하면 실력이 늘고 자신감도 생기거든."

그날 밤, 윤희는 오빠처럼 '하루에 수학 문제 하나를 제대로 풀기'라는 목표를 세웠어요. 비록 작은 목표였지만, 매일 실천하다 보면 언젠가 어려운 수학 문제도 척척 풀 수 있게 될 거예요.

---

*일쑤 흔히 또는 언제나 그러는 일.
*꾸준히 한결같이 부지런하고 끈기가 있는 태도로.

밑줄 친 부분을 쓱쓱 따라 써 봐요   읽고 쓴 날   월   일

한 줄 일기를 쓰고 쑥쑥 마음을 키워요

15 꿈을 이루려면 노력이 필요해요

윤재는 오늘 처음 스케이트장에 갔어요. 엄마의 손을 꼭 잡고서야 겨우 *빙판 위에 설 수 있었지요.

"윤재야, 나 먼저 간다! 얼른 따라와."

형은 남의 속도 모르고 신나게 소리쳤어요. 그런데 형이 어찌나 쌩쌩 달리는지 윤재를 놀리는 것처럼 느껴졌어요.

"윤재야, 조심해야지. 다리를 더 크게 벌리면서 타 봐!"

어느새 스케이트장을 한 바퀴 돌고 온 형이 말했어요.

"잘 타면 다야? 형은 정말 짜증 나!"

윤재는 기분이 상해 발끈하며 대답했지요. 그때 엄마가 말씀하셨어요.

"윤재야, 사실 형도 처음에는 스케이트를 잘 타지 못했단다. 하지만 형의 꿈이 스케이트 선수잖아. 매일 연습을 했고, 다치는 일이 생겨도 *포기하지 않았어. 그래서 지금처럼 스케이트를 잘 타게 된 거야."

윤재는 엄마의 말씀을 듣고, 빙판 위를 시원하게 달리는 형을 바라봤어요. 형의 모습이 무척이나 멋있게 느껴졌지요.

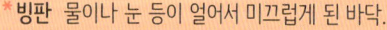

* **빙판** 물이나 눈 등이 얼어서 미끄럽게 된 바닥.
* **포기** 하려던 일을 도중에 그만두어 버림.

밑줄 친 부분을 쓱쓱 따라 써 봐요 　　　　　　　　　읽고 쓴 날　　월　　일

한 줄 일기를 쓰고 쑥쑥 마음을 키워요

질문을 읽고 낱말을 짐작해 봐!

다음 빈칸에 들어갈 알맞은 낱말을 보기에서 찾아 써 보세요.

보기 꿈   빙판   발전   연주   포기

실제로 이루고 싶은 희망이나 이상을 무엇이라고 할까요?

하려던 일을 도중에 그만두어 버리는 것을 무엇이라고 할까요?

더 낫고 좋은 상태나 더 높은 관계로 나아가는 것을 무엇이라고 할까요?

악기를 다루어 곡을 표현하거나 들려주는 일을 무엇이라고 할까요?

물이나 눈 등이 얼어서 미끄럽게 된 바닥을 무엇이라고 할까요?

4장

나는 소중한 사람이에요

16 실수할 수도 있어요

"으악! 미안해!"

*생존 수영을 배우는 시간에 물장구를 치다가 옆에 있던 혜주의 얼굴에 물을 튀겼어요. 혜주는 눈을 비비다가 수영하는 다른 친구와 부딪힐 뻔했지요. 나는 깜짝 놀라 혜주의 손을 잡고 물 밖으로 나왔어요.

"혜주야, 괜찮아?"

"응, 괜찮아. 나도 가끔 다른 사람한테 물을 튀길 때가 있어."

다행히 혜주는 금세 괜찮다는 듯 환하게 웃었어요. 하지만 나는 속이 상해 한숨을 내쉬었어요. 내 *실수 때문에 혜주가 앞이 보이지 않아 위험할 뻔했다는 생각이 들었거든요. 그때 선생님께서 다가와 말씀하셨어요.

"세미야, 누구나 실수를 할 수 있어. 너무 속상해하지 마. 대신에 다음엔 더 조심하면 된단다."

나는 선생님의 말씀에 마음이 한결 가벼워졌어요. 실수는 누구나 할 수 있어요. 중요한 건 내가 했던 실수를 통해 배우고 성장하는 것이지요. 나는 이번 경험을 통해 실수했다고 해서 못난 사람이 되는 게 아니라는 것을 깨달았답니다.

*생존 살아 있음. 또는 살아남음.
*실수 조심하지 아니하여 잘못함. 또는 그런 행위.

밑줄 친 부분을 쓱쓱 따라 써 봐요　　　읽고 쓴 날　　월　　일

한 줄 일기를 쓰고 쑥쑥 마음을 키워요

17 내가 먼저 사과할 수도 있어요

학교 운동장이 뜨겁게 달아올랐어요. 우진이는 반 친구들과 축구 시합을 하고 있었지요. *동점 상황이라 모두의 눈이 반짝였어요. 그때 상대편인 찬수가 공을 몰고 골대 앞으로 달려갔어요.

"저 공은 내가 막을게!"

우진이의 눈에는 공밖에 보이지 않았어요. 흥분한 나머지 찬수를 세게 밀치고 말았지요. 찬수는 '쿵' 소리를 내며 넘어졌어요.

"너, 뭐 하자는 거야?"

찬수가 화난 얼굴로 말하자, 우진이도 발끈했어요. 하지만 곧 자신이 이기겠다는 마음 때문에 친구를 세게 밀었다는 것을 알게 되었지요. 우진이는 찬수에게 다가가 손을 내밀었어요.

"찬수야, 미안해. 내가 흥분해서 널 세게 밀었어."

찬수도 우진이의 손을 잡으며 말했어요.

"괜찮아. 네가 먼저 *사과해 줘서 고마워. 다시 시합하자!"

우진이는 마음이 후련해졌어요. 먼저 사과한 까닭에 친구와 금세 웃을 수 있었고, 자기 자신도 떳떳했지요. 그날 우진이는 잘못했을 때 용기를 내어 먼저 미안하다고 말할 줄 알아야 한다는 것을 깨달았어요.

*동점 점수가 같음. 또는 같은 점수.
*사과 자신의 잘못을 인정하며 용서해 달라고 함.

밑줄 친 부분을 쓱쓱 따라 써 봐요 읽고 쓴 날   월   일

한 줄 일기를 쓰고 쑥쑥 마음을 키워요

18 나에게도 나만의 멋진 점이 있어요

우리 형은 영어를 정말 잘해요. 특히 발음이 외국인처럼 자연스러워서 놀랄 때도 있어요. 그런데 나는 형과 너무 달라요. 오늘 학교에서 영어 수업이 있었는데, 단어를 읽을 때 내 발음이 어색해서 창피했지요. 집에 돌아와 형을 보니, 괜히 입이 툭 튀어나왔어요. 그때 형이 웃으며 물었어요.

"우리 귀여운 동생, 왜 이렇게 *뿔이 났을까?"

나는 작은 목소리로 대답했어요.

"나도 형처럼 영어를 잘하면 좋을 텐데……."

형은 잠시 생각하더니 고개를 저으며 말했어요.

"근데 말이야, 나는 오히려 네가 더 부러운데?"

형의 말에 나는 눈을 동그랗게 떴어요.

"넌 동네 꼬마들이랑 금세 친구가 되고, 어른들께도 인사를 잘해서 칭찬도 많이 받잖아. 난 그게 어렵던데, 너는 자연스럽더라."

나는 *사교성이 좋다는 형의 말에 얼굴이 간질거렸어요. 내게도 형이 부러워할 만한 점이 있다는 게 신기했지요. 그리고 나도 나만의 멋진 점이 있다는 것에 자꾸만 어깨가 으쓱거려졌답니다.

* 뿔 화가 날 만큼 분하고 섭섭하거나 언짢게 여겨 일어나는 불쾌한 감정.
* 사교성 남과 사귀기 좋아하거나 쉽게 사귀는 성질.

밑줄 친 부분을 쓱쓱 따라 써 봐요 읽고 쓴 날   월   일

한 줄 일기를 쓰고 쑥쑥 마음을 키워요

19 나를 아껴 주는 사람들이 있어요

요즘 나는 자꾸 혼자라는 생각이 들어요. 동생이 태어난 뒤로 엄마와 아빠는 늘 동생 곁에만 있는 것 같았어요. 오늘 아침에도 동생이 울자, 엄마는 재빨리 달려갔지요.

'엄마는 이제 동생만 좋아하나 봐.'

나는 괜히 이불을 폭 뒤집어썼어요. 그때 아빠가 나를 부르셨어요.

"우리 딸이 좋아하는 샌드위치를 만들었어. 같이 먹자!"

아빠의 말에 나는 기분이 조금 풀렸어요. 아침을 다 먹고 학교에 가려는데, 할머니가 나를 꼭 안아 주며 말씀하셨어요.

"우리 손주, 요즘 동생이 생겨서 힘들지? 할머니는 너를 많이 사랑한단다."

할머니의 *품은 참 따뜻했어요. 저녁에는 엄마가 내 방에 들어오셨어요.

"오늘 하루는 어땠어? 동생을 보느라 우리 딸이랑 이야기를 못 했네."

엄마의 말씀에 *속상했던 마음이 사라졌어요. 그제야 나는 혼자가 아니라는 것을 깨달았어요. 내 곁에는 늘 나를 생각하고 아껴 주는 가족이 있다는 것을요. 그래서 나는 앞으로 서운한 마음이 들 때마다, 나를 아껴 주는 사람들을 떠올리기로 했어요.

---

*품 두 팔을 벌려서 안을 때의 가슴.
*속상했던 화가 나거나 걱정이 되는 등으로 인하여 마음이 불편하고 우울했던.

밑줄 친 부분을 쓱쓱 따라 써 봐요 읽고 쓴 날   월   일

한 줄 일기를 쓰고 쑥쑥 마음을 키워요

20 스스로를 소중히 여겨요

은주는 그림을 그리다가 마음에 들지 않는다며 종이를 구겨 버렸어요. 다른 친구들의 그림은 멋져 보이는데, 자신의 그림만 이상해 보였지요. 은주는 친구들 앞에서도 자신을 작게 만들고, 스스로를 함부로 대할 때도 있었어요.

"나는 왜 이렇게 못할까. 난 쓸모없는 것 같아."

그 모습을 본 선생님이 수업 시간에 커다란 가방을 들고 오셨어요.

"오늘 특별한 수업을 할 거야. 너희 자신을 닮은 인형 만들기란다."

선생님은 가방에서 솜을 가득 채운 양말을 꺼내 한 짝씩 나누어 주셨어요.

"지금 받은 양말에 단추로 눈, 코, 입을 붙여서 인형을 만들어 보렴."

잠시 뒤, 반 친구들은 저마다 양말 인형을 하나씩 갖게 되었어요. 선생님은 부드러운 목소리로 말씀하셨어요.

"이 인형을 자신이라고 생각해 보렴. 만약 인형을 아무렇게나 내버려두면 금세 헤지고 망가지겠지? 우리 몸과 마음도 마찬가지야. 힘들고 어려운 일이 있으면 스스로 *다독이고 돌봐야 해. 나 자신은 누구보다 소중한 *존재야."

은주는 인형을 꼭 껴안았어요. 그리고 앞으로 자신을 아껴 주기로 다짐했답니다.

*다독이고 남의 약한 점을 따뜻이 어루만져 감싸고 달래고.
*존재 현실에 실제로 있음. 또는 그런 대상.

밑줄 친 부분을 쑥쑥 따라 써 봐요   읽고 쓴 날   월   일

한 줄 일기를 쓰고 쑥쑥 마음을 키워요

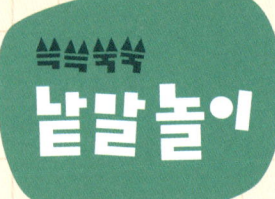

선으로 연결하여 문장을 만들어 봐!

다음 내용을 읽고, 어울리는 말을 선으로 연결하여 문장을 완성해 보세요.

| 나는 친구를 잘 사귀는 | 우진이는 동생의 장난감을 | 현아는 맛있는 음식을 먹고 |

| 실수로 | 속상했던 | 사교성이 |

| 망가트렸어요. | 좋은 성격이에요. | 마음이 사라졌어요. |

5장

건강한 마음을 길러요

21 우울할 땐 친구와 이야기해요

소희는 아침부터 기분이 안 좋았어요. 어제 학교에서 가방에 달아 둔 토끼 모양 열쇠고리를 잃어버렸거든요. 고모가 여행을 갔다 와서 선물해 준 거라 더 속상했지요. 소희는 하루 종일 기분이 가라앉았어요. 그런데 쉬는 시간에 윤하가 다가와 물었어요.
"소희야, 왜 이렇게 *우울한 표정이야?"
"내가 가장 아끼던 열쇠고리를 잃어버렸어. 고모가 선물해 준 건데……."
소희는 한숨을 쉬며 대답했어요. 윤하는 고개를 끄덕이며 말했어요.
"그랬구나. 나도 지난번에 아끼던 필통을 잃어버렸을 때 진짜 속상했어."
소희는 눈을 크게 떴어요.
"그래서 어떻게 했어?"

"그럴 땐 매운 라면이 최고야! 라면을 호로록 먹으면서 친구랑 *수다를 떨면 기분이 금방 풀리거든."
둘은 매운 라면 이야기로 한참을 웃으며 떠들었어요. 신기하게도 금세 기분이 나아졌지요. 소희는 우울한 마음을 혼자 간직하지 않고 친구와 이야기 나누면 기분이 좋아진다는 것을 알게 되었답니다.

---

*우울한 근심스럽거나 답답하여 활기가 없는.

*수다 쓸데없이 말수가 많음. 또는 그런 말.

밑줄 친 부분을 쓱쓱 따라 써 봐요 　　　　　　　　읽고 쓴 날　　월　　일

한 줄 일기를 쓰고 쑥쑥 마음을 키워요

22 SNS에 빠지지 않아요

준우는 휴대 전화로 SNS에 접속했다가 우연히 '릴스'를 보게 되었어요. 짧은 *영상들이 꼬리에 꼬리를 물고 이어졌어요. 웃긴 영상, 멋진 춤……. 하나가 끝나면 곧바로 다음 영상이 재생되었어요.

그날부터 준우는 달라졌어요. 밥을 먹을 때도, 잠을 자기 전에도 머릿속에는 온통 '다음엔 어떤 영상이 나올까?' 하는 생각뿐이었지요. 그러다 주말에 친구와 길을 걷다 일이 벌어졌어요.

"준우야, 앞에 계단이 있어!"

친구가 급히 외쳤지만, 준우는 듣지 못했어요. 그리고 발을 헛디뎌 크게 휘청거렸지요. 준우는 릴스에 *중독돼 크게 다칠 뻔했다는 생각에 정신이 번쩍 들었어요. 그래서 집에 돌아와 휴대 전화를 책상 서랍에 넣어 두었어요.

그날 이후 준우는 휴대 전화 대신 책을 읽거나 운동을 하며 시간을 보냈어요. 처음에는 손이 근질거렸지만, 점점 머리가 맑아지고 마음이 편안해졌어요. 휴대 전화 말고도 할 수 있는 일이 많다는 것을 느꼈어요.

*영상 모니터 등의 화면에 나타나는 모습.
*중독 어떤 생각이나 물건에 빠져 정상적으로 판단할 수 없는 상태.

밑줄 친 부분을 쓱쓱 따라 써 봐요   읽고 쓴 날   월   일

한 줄 일기를 쓰고 쑥쑥 마음을 키워요

23 고민이 있으면 어른에게 말해요

토요일 오후, 민수는 반 친구들과 오락실에 갔어요. 그런데 오락을 하기 위해서는 동전이 필요했어요. 친구들이 모두 동전이 없어서 민수가 동전을 빌려주었지요. 민수와 친구들은 오락실에서 즐겁게 시간을 보냈어요.

집에 돌아오는 길에 민수는 *고민이 생겼어요. 집에 도착하자마자 한숨을 쉬었지요. 그 모습을 본 아빠가 물으셨어요.

"민수야, 무슨 일 있었어?"

"친구들에게 돈을 빌려줬는데, 갚으라고 말하기가 어색해요."

민수의 고민을 듣고, 아빠는 고개를 끄덕이며 말씀하셨어요.

"그럴 수 있지. 아무리 친한 친구여도 돈 *문제는 조심해야 해. '오늘 내가 빌려 준 돈을 갚아 줄래?'처럼 정중하게 써서 메시지를 보내 봐. 그러면 친구들도 기분 나빠하지 않을 거야."

민수는 아빠의 말대로 적었어요. 곧 '응!', '오늘 고마웠어!'라는 답이 이어졌지요. 순간 어깨에 있던 무거운 돌이 툭 떨어진 것 같았어요. 민수는 다음부터 고민이 생기거나 힘든 일이 있으면 어른에게 먼저 물어보기로 했어요.

* **고민** 어찌할 줄 몰라 괴로워하고 애를 태움.
* **문제** 해결하기 어렵거나 난처한 대상. 또는 그런 일.

밑줄 친 부분을 쓱쓱 따라 써 봐요 　　　　　　　　　읽고 쓴 날　　월　　일

한 줄 일기를 쓰고 쑥쑥 마음을 키워요

24 나는 나다운 내가 좋아요

학교 운동장에서 반 친구들이 '경찰과 도둑 놀이'를 하고 있었어요. 나는 뛰는 것을 좋아하지 않아요. 달리면 금방 숨이 차고, 얼굴이 빨개지는 내 모습이 싫었어요. 그래서 나는 벤치에 앉아 친구들을 구경했어요. 그런데 짝꿍 윤우가 다가와 말했어요.

"지현아, 너도 같이하자!"

나는 마지못해 도둑 역할을 맡았어요. 처음에는 아이들의 눈을 피해 살살 움직였어요. 그런데 경찰 역할의 윤우가 나를 쫓아오기 시작했어요. 나는 잡히지 않기 위해 *전력 질주를 했지요. 심장이 터질 듯 뛰고, 숨이 턱까지 차올랐어요. 그런데 이상하게도 점점 웃음이 나왔어요.

'나 달리기 꽤 잘하잖아? 이게 왜 그렇게 싫었지?'

결국 윤우는 나를 잡지 못했어요.

"오지현, 너 완전 빠르다. 달리기 선수 같아!"

나는 얼굴이 *화끈거려도, 기분이 좋았어요. 그날 이후에도 달리기를 하면 숨이 차고 얼굴이 빨개졌지만, 나는 이것이 뛸 때의 나다운 모습이라 생각하게 되었어요.

*전력 모든 힘.
*화끈거려도 몸이나 쇠 등이 뜨거운 기운을 받아 잇따라 달아올라도.

밑줄 친 부분을 쓱쓱 따라 써 봐요　　　　　　　　**읽고 쓴 날**　　월　　일

한 줄 일기를 쓰고 쑥쑥 마음을 키워요

25 숨기지 말고 솔직하게 말해요

우리 집에는 엄마가 정성껏 키우는 화분이 있어요. 보라색 꽃이 핀 난초 화분이지요. 그런데 내가 꽃향기를 맡으려고 줄기를 당기다가 난초 한 줄기가 툭 꺾여 버렸어요.

"어떡하지? 엄마가 보면 속상해하실 텐데……."

나는 꺾인 줄기를 화분 속에 조심스레 꽂아 두고, 아무 일도 없었던 척하기로 했어요.

그날 저녁, 엄마가 난초에 물을 주다가 고개를 갸웃하셨어요.

"이 줄기만 왜 이렇게 축 처져 있지?"

나는 가슴이 쿵쿵 뛰었지만, 아무렇지 않은 척 엄마의 *시선을 피했어요. 하지만 하루 종일 꺾인 줄기가 자꾸 떠올랐어요. 엄마에게 말하지 않고 숨기고 있는 게 점점 힘들어졌지요.

다음 날 아침, 나는 용기를 냈어요.

"엄마, 어제 내가 꽃향기를 맡으려다가 실수로 난초 줄기를 꺾어 버렸어요."

엄마는 잠시 나를 바라보다가 미소 지으며 말씀하셨어요.

"*솔직하게 말해 줘서 고마워. 다음부터는 조심하자꾸나."

엄마에게 솔직히 말하고 나니 무거웠던 마음이 한결 가벼워졌답니다.

*시선 눈이 가는 길. 또는 눈의 방향.
*솔직하게 거짓이나 숨김이 없이 바르고 곧게.

밑줄 친 부분을 쓱쓱 따라 써 봐요　　　　　　읽고 쓴 날　　월　　일

한 줄 일기를 쓰고 쑥쑥 마음을 키워요

사다리를 타며 낱말을 찾아봐!
다음은 어떤 낱말의 뜻인지 사다리를 타고 내려가 확인해 보세요.

- 근심스럽거나 답답하여 활기가 없음.
- 어찌할 줄 몰라 괴로워하고 애를 태움.
- 거짓이나 숨김이 없이 바르고 곧다.
- 어떤 생각이나 물건에 빠져 정상적으로 판단할 수 없는 상태.

솔직하다　중독　우울　고민

6장
스트레스를 잘 다스려요

26 좋아하는 영화를 봐요

형이 매일 나를 놀리고 못된 장난을 쳐요. 그래서 요즘 나는 늘 *짜증이 나 있지요. 오늘도 형이 내 로봇 장난감을 숨겨서 화가 잔뜩 났어요. 방에 혼자 틀어박혀 있는데 엄마가 다가와 말씀하셨어요.

"상철아, 우리 영화 보러 갈래? 네가 좋아하는 로봇이 나오는 영화야."

나는 화가 나서 밖에 나가기 싫었지만, 엄마의 *권유에 마지못해 따라갔어요. 영화가 시작되자, 눈앞에서 로봇들이 멋지게 싸우는 장면이 펼쳐졌어요. 어느새 나도 모르게 영화에 푹 빠져들었지요.

"우아, 진짜 멋있다!"

영화 속에서 거대한 로봇들이 힘을 합쳐 나쁜 적을 물리치는 장면을 보니, 마음속 화가 조금씩 사라지고 점점 신이 나기 시작했어요. 영화를 다 보고 나니까 형 때문에 쌓였던 짜증이 어느새 사라져 버렸지요.

"엄마, 오늘 영화 보길 잘했어요. 기분이 훨씬 좋아졌어요."

내 말에 엄마는 그럴 줄 알았다는 듯 빙그레 웃으셨어요.

*짜증 마음에 꼭 맞지 아니하여 발칵 불쾌한 감정을 나타내는 행동. 또는 그런 성질.
*권유 어떤 일을 하도록 권함.

밑줄 친 부분을 쓱쓱 따라 써 봐요   읽고 쓴 날   월   일

한 줄 일기를 쓰고 쓱쓱 마음을 키워요

27 맛있는 음식을 먹어요

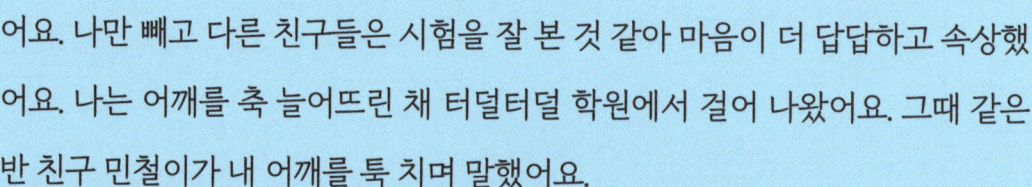

학원에서 시험을 본다고 해서 며칠 동안 열심히 공부를 했어요. 하지만 기대와 달리 성적이 좋지 않았어요. 나만 빼고 다른 친구들은 시험을 잘 본 것 같아 마음이 더 답답하고 속상했어요. 나는 어깨를 축 늘어뜨린 채 터덜터덜 학원에서 걸어 나왔어요. 그때 같은 반 친구 민철이가 내 어깨를 툭 치며 말했어요.

"수찬아, 같이 핫도그 사 먹으러 갈래?"

원래는 *입맛이 없어서 아무것도 먹고 싶지 않았는데, '핫도그'라는 말에 마음이 살짝 움직였어요. 핫도그는 내가 세상에서 제일 좋아하는 음식이거든요. 우리는 가게 앞에서 *김이 모락모락 나는 핫도그를 하나씩 샀어요. 나는 핫도그를 받자마자 바삭한 빵과 쫄깃한 소시지를 한입에 베어 물었지요.

"와삭!"

입안 가득 퍼지는 고소하고 짭조름한 맛에 나도 모르게 웃음이 났어요. 친구와 함께 맛있는 핫도그를 먹으니, 조금 전까지 답답하고 속상했던 기분이 훨씬 나아졌지요. 역시 핫도그가 최고예요.

* **입맛** 음식을 먹을 때 입에서 느끼는 맛에 대한 감각.
* **김** 물 같은 액체가 열을 받아서 공기 같은 기체로 변한 것.

밑줄 친 부분을 쓱쓱 따라 써 봐요   읽고 쓴 날   월   일

한 줄 일기를 쓰고 쓱쓱 마음을 키워요

28 쉴 때는 충분히 쉬어요

우리 가족은 매일 바쁘게 지내요. 엄마와 아빠는 회사와 집안일로, 나와 오빠는 학교와 숙제로 늘 지쳐 있지요. 그래서 여름휴가가 다가왔을 때도 준비하기가 귀찮아서 가지 않으면 좋겠다고 생각했어요. 그런데 막상 여행을 떠나 한적한 시골 민박집에 도착해 보니 생각이 달라졌어요.

푸른 들판과 시원한 바람, 맑은 하늘이 우리를 맞아 주었어요. 우리는 *마루에 둘러앉아 바람을 쐬고, 낮잠도 자고, 달콤한 수박도 먹으며 *여유로운 시간을 보냈어요. 자연을 바라보며 충분한 휴식을 즐기다 보니 좋은 기분이 들었지요.

이번 휴가를 통해 가족들은 알게 되었어요. 평소에 바쁘고 할 일이 많더라도 잠시 멈춰 충분히 쉬는 시간이 필요하다는 것을요. 집으로 돌아오는 길에 아빠가 미소 지으며 말씀하셨어요.

"이렇게 쉬고 나니 다시 힘낼 수 있겠다."

"푹 쉬니까 너무 좋아요!"

오빠가 큰 목소리로 대답했어요. 나도 그 말을 들으며 고개를 끄덕였지요.

*마루 집채 안에 바닥과 사이를 띄우고 깐 널빤지. 또는 그 널빤지를 깔아 놓은 곳.
*여유로운 느긋하고 차분하게 생각하거나 행동하는 마음의 상태를 가진.

밑줄 친 부분을 쓱쓱 따라 써 봐요   읽고 쓴 날   월   일

한 줄 일기를 쓰고 쑥쑥 마음을 키워요

29 아무 생각도 하지 않아요

나는 *멍하니 하늘을 바라보고 있었어요. 마치 다른 세상에 있는 것처럼요.

"선영아, 내 말 듣고 있어? 선영아!"

주현이가 몇 번이나 불렀지만, 나는 바로 대답하지 못했어요. 그러다 천천히 눈을 깜빡이며 말했어요.

"어? 미안! 잠시 멍 때리느라 네 말을 못 들었어."

주현이가 놀란 얼굴로 물었어요.

"뭐? 멍? 어디 다친 거야?"

나는 피식 웃으며 고개를 저었어요.

"아니, 다쳤을 때 드는 멍 말고 그냥 멍하게 있는 거. 그게 내 스트레스 *해소법이거든."

"그게 뭐가 좋은데?"

주현이가 고개를 갸웃하자, 나는 몸에 힘을 빼고 편안한 표정을 지었어요.

"이렇게 온몸에 힘을 빼고서 아무 생각도 안 하고 있으면 머리가 개운해져. 짧게라도 쉰 것 같은 기분이 들어."

주현이는 신기하다는 듯 웃었어요. 그날 이후 나는 주현이가 멍하게 하늘을 바라보는 모습을 볼 때마다, 나처럼 쉬는 시간을 갖는 것 같아 뿌듯해졌어요.

---

*멍하니 정신이 나간 것처럼 자극에 대한 반응이 없이.

*해소법 어려운 일이나 문제가 되는 상태를 해결하여 없애는 방법.

밑줄 친 부분을 쓱쓱 따라 써 봐요　　　　　읽고 쓴 날　　월　　일

한 줄 일기를 쓰고 쓱쓱 마음을 키워요

30 상담 선생님의 도움을 받아요

얼마 뒤면 학교에서 학예회가 열려요. 나는 반 대표로 노래를 부르기로 했어요. 그런데 학예회가 다가올수록 무대에서 노래를 부르다가 실수를 할 것 같아 걱정되었어요. 심지어 밤에 잠이 오지 않을 만큼 스트레스가 심해졌지요.

어느 날, 담임 선생님이 말씀하셨어요.

"현수야, 요즘 표정이 안 좋아 보여. 힘든 일이 있으면 혼자 끙끙 앓지 말고 *상담 선생님께 가 보는 건 어때?"

나는 잠시 고민하다가 상담실을 찾아갔어요. 상담 선생님은 늘 차분한 목소리로, 학생들의 이야기를 끝까지 듣고 도움을 주시는 분이에요. 나는 상담 선생님께 무대에 오르는 것이 두렵다는 *속마음을 말했어요. 상담 선생님은 무대에서 떨리는 건 자연스러운 일이라고 다독여 주셨어요. 그리고 불안한 마음을 가라앉히는 간단한 연습법도 알려 주셨지요.

상담 선생님께 도움을 받고 나니 혼자 걱정할 때보다 머릿속이 훨씬 정리되고 마음도 편안해졌어요. 나는 앞으로 걱정거리가 생기면 혼자서 힘들어 하지 않고 전문가에게 도움을 받아야겠다고 생각했답니다.

* **상담** 문제를 해결하거나 궁금증을 풀기 위하여 서로 의논하거나 묻고 답함.
* **속마음** 겉으로 드러나지 아니한 실제의 마음.

밑줄 친 부분을 쓱쓱 따라 써 봐요　　　　　　　　　　읽고 쓴 날　　월　　일

한 줄 일기를 쓰고 쓱쓱 마음을 키워요

낱말 놀이

꼬불꼬불 길을 따라 문장을 만들어 봐!
다음 문장의 빈칸에 들어갈 낱말을 찾아 길을 따라가 보세요.

윤아는 ▢ 창밖을 바라보았어요.

상철이는 형이 장난을 쳐서 ▢ 이 났어요.

수찬이는 핫도그를 먹어서 ▢ 이 살아났어요.

짜증 ➡   입맛 ➡   멍하니 ➡

7장

스스로 조절하는 힘을 키워요

31 아무 때나 스마트폰을 보지 않아요

수업 시작종이 울렸는데도 수호는 스마트폰 화면에서 눈을 떼지 않았어요.

"유수호, 수업 시간에 스마트폰을 쓰면 안 돼. 선생님께 혼나."

서아가 작은 소리로 말했지만, 수호는 계속해서 스마트폰을 했어요. 결국 수호는 수업이 끝날 때까지 선생님 몰래 게임을 하고 영상도 봤지요. 서아는 수호가 무슨 잘못을 했는지도 모르는 것 같아 안타까웠어요.

"유수호! 너 지금 선생님도 속이고, 수업 시간에 지켜야 할 *규칙도 어긴 거야."

서아의 말에 수호의 얼굴이 빨개졌어요. 잠시 후 수호는 서아에게 다가가 머쓱해하며 말했어요.

"스마트폰을 한번 시작하니까 멈추기가 진짜 어려웠어. 네 말대로 수업 시간에 스마트폰을 하지 않을게."

서아가 고개를 끄덕였어요. 스마트폰이 전화뿐만 아니라 게임, 영상, 검색까지 다 된다고 해서 아무 때나 쓰면 안 돼요. 내가 해야 할 일을 다 끝낸 뒤에 사용하는 것이 진짜 *현명한 행동이에요.

*규칙 여러 사람이 다 같이 지키기로 한 법칙이나 정해진 질서.
*현명한 마음이 너그럽고 착하며 바르게 판단하고 일을 잘 처리하는.

밑줄 친 부분을 쓱쓱 따라 써 봐요 　　　　　　　읽고 쓴 날　　월　　일

한 줄 일기를 쓰고 쓱쓱 마음을 키워요

32 오늘 할 일을 하나씩 실천해요

일요일 아침, 누나가 책상에 앉아서 다이어리에 무언가를 적고 있어요.

"누나, 뭐 하고 있어?"

"바빠. 말 시키지 마."

귀찮은 듯 대답하는 누나를 보니 장난을 치고 싶어졌어요. 그래서 살금살금 뒤로 다가가 쏜살같이 다이어리를 빼앗았지요. 나는 누나의 다이어리에 적힌 내용을 큰 소리로 읽었어요.

"오늘 할 일! 첫째, 은석이랑 뒷산 오르기. 둘째, 은석이 주말 수영 수업 데려다주기. 셋째, 체육 센터 앞 카페에서 수학 숙제하면서 은석이 기다리기……."

모두 나와 함께하는 *일정이었어요. 일요일에도 바쁜 엄마를 *대신해서 누나가 나를 챙기고 있었던 거였지요. 나는 누나에게 미안한 마음이 들어 다이어리를 돌려주었어요.

그날 오후, 나도 다이어리를 꺼냈어요.

'오늘 할 일! 첫째, 누나에게 고맙다고 말하기. 둘째, 수영 가기. 셋째, 숙제 끝내기.'

나도 누나처럼 오늘 할 일을 다이어리에 정리했어요. 그리고 누나에게 가서 고맙다고 인사했답니다.

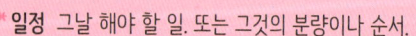

*일정 그날 해야 할 일. 또는 그것의 분량이나 순서.
*대신해서 어떤 대상의 자리나 해야 할 일을 바꾸어서 새로 맡아서.

밑줄 친 부분을 쓱쓱 따라 써 봐요   읽고 쓴 날   월   일

한 줄 일기를 쓰고 쑥쑥 마음을 키워요

33 시간 약속을 잘 지켜요

준서는 얼마 전 승우가 살고 있는 아파트 단지로 이사를 왔어요. 처음에는 조금 낯설었지만, 놀이터에서 만난 승우와 금세 친구가 되었지요. 그 뒤로 둘은 자주 만나 함께 놀았어요. 오늘도 어김없이 학교가 끝나고 나서 준서와 승우는 놀이터에서 미끄럼틀도 타고, 술래잡기도 하면서 신나게 뛰어놀았어요.

"승우야, 우리 해 질 때까지 놀자!"
준서의 말에 승우는 손목시계를 바라봤어요.
"안 돼, 나 엄마랑 다섯 시까지 놀고 들어가기로 *약속했어."
시곗바늘이 다섯 시를 가리키자, 승우는 *미련 없이 집에 간다고 인사를 했어요. 준서는 아쉬운 표정으로 말했어요.
"우리 삼십 분만 더 놀자!"
승우가 대답했어요.
"내가 정한 시간을 지켜야 저녁도 먹고, 숙제도 하고, 내 할 일들을 할 수 있어. 아쉽지만, 내일 만나자!"
그 말을 들은 준서는 약속된 시간을 지켜야 계획된 일을 다 할 수 있다는 것을 깨달았어요. 그날 이후 준서는 놀 때뿐 아니라 숙제할 때, 게임을 할 때도 시간을 정해서 지키려고 노력했답니다.

* **약속** 다른 사람과 앞으로의 일을 어떻게 할 것인가를 미리 정하여 둠. 또는 그렇게 정한 내용.
* **미련** 깨끗이 잊지 못하고 끌리는 데가 남아 있는 마음.

밑줄 친 부분을 쓱쓱 따라 써 봐요　　　　읽고 쓴 날　　월　　일

한 줄 일기를 쓰고 쑥쑥 마음을 키워요

34 하기 싫은 일도 해요

연지는 가족들과 나들이를 갔어요. 날이 너무 더워서 땀을 많이 흘렸지요.

"우리 연지, 집에 가면 샤워부터 해야겠다."

"네! 바로 할게요. 너무 더워요."

차에 올라 에어컨을 켜니 금세 시원해졌어요. 집으로 가는 동안 땀도 다 말랐지요. 그러자 연지는 샤워하는 게 점점 귀찮게 느껴졌어요. 집에 도착하자 엄마가 말씀하셨어요.

"연지야. 샤워해야지."

"엄마, 땀도 다 말랐는데 내일 하면 안 돼요?"

하지만 엄마는 *단호하셨어요.

"오늘 해야지. 네가 하기 싫다고 그냥 잘 수는 없어."

연지는 입을 삐죽거리며 욕실로 향했어요. 억지로 시작한 샤워라 기분이 좋지 않았어요. 그런데 시원한 물줄기를 맞으면서 뽀글뽀글한 거품으로 씻으니, 몸이 *개운해지고 마음도 상쾌해졌어요. 연지는 샤워하기를 잘했다고 생각했지요. 그리고 하기 싫은 일이라도 필요하면 꼭 해야 한다는 걸 깨달았어요.

*단호하셨어요 결심이나 태도, 입장 등이 엄하고 철저하셨어요.
*개운해지고 기분이나 몸이 상쾌하고 가벼워지고.

밑줄 친 부분을 쓱쓱 따라 써 봐요 　　　　　읽고 쓴 날　　월　　일

한 줄 일기를 쓰고 쑥쑥 마음을 키워요

35 참을 줄도 알아야 해요

현지는 탄산음료를 정말 좋아해요. 목이 마를 때도, 밥을 먹을 때도 물 대신 탄산음료를 마셔요.

어느 날, 텔레비전에서 탄산음료가 *건강에 좋지 않다는 내용의 건강 프로그램을 보았어요.

"나는 탄산음료 없이 못 살지만, 건강을 위해서 참아 보겠어!"

그날부터 현지는 탄산음료를 하루에 한 잔만 마시기로 *결심했어요.

학원이 끝나고 집에 가는 길에 수희가 말했어요.

"우리 같이 콜라 마시러 편의점 가자. 내가 쏠게!"

하지만 현지는 고개를 저었어요.

"오늘은 안 돼. 이미 한 잔을 마셨거든."

현지는 웃으며 거절했지만, 속으로 조금 아쉬웠어요. 매일 마시던 탄산음료를 참는 것은 쉬운 일이 아니었지요. 현지는 무거운 발걸음으로 집에 도착했어요. 그런데 현관문을 열자 맛있는 냄새가 풍겼어요.

"현지야, 엄마가 떡볶이를 만들었어. 같이 먹자!"

현지는 떡볶이를 한입 먹고 나서 우유를 마셨어요. 우유는 참 고소했지요. 탄산음료 대신 우유를 마시면서 오늘도 잘 참았다고 스스로 대견해했답니다.

* **건강** 정신적으로나 육체적으로 아무 탈이 없고 튼튼함. 또는 그런 상태.
* **결심** 한 일에 대하여 어떻게 하기로 마음을 굳게 정함. 또는 그런 마음.

밑줄 친 부분을 쑥쑥 따라 써 봐요   읽고 쓴 날   월   일

한 줄 일기를 쓰고 쑥쑥 마음을 키워요

 **쏙쏙쏙쏙 낱말 놀이**

질문을 읽고 낱말을 짐작해 봐!
다음 빈칸에 들어갈 알맞은 낱말을 보기에서 찾아 써 보세요.

보기   건강   결심   미련   약속   일정

그날 해야 할 일을 무엇이라고 할까요?

깨끗이 잊지 못하고 끌리는 데가 남아 있는 마음을 무엇이라고 할까요?

한 일에 대하여 어떻게 하기로 마음을 굳게 정한 상태를 무엇이라고 할까요?

정신적으로나 육체적으로 아무 탈이 없고 튼튼한 상태를 무엇이라고 할까요?

다른 사람과 앞으로의 일을 어떻게 할 것인가를 미리 정하는 것을 무엇이라고 할까요?

8장

나를 지키는 힘을 길러요

36 싫은 것은 싫다고 말해요

쉬는 시간, 수영이는 자리에 앉아 다음 수업을 준비하고 있었어요. 그때 영호가 갑자기 뒤에서 "와!" 하고 큰 소리를 외치며 수영이의 어깨를 툭 쳤어요.

"으악, 깜짝이야!"

수영이는 가슴이 쿵 하고 내려앉았어요.

"수영아, 깜짝 놀랐지!"

영호가 깔깔 웃으며 말했어요. 수영이는 영호에게 하지 말라고 말하려다가 꾹 *참았어요. 하지만 영호는 멈추지 않았어요. 틈날 때마다 수영이를 놀라게 하는 장난을 계속 이어 갔지요. 결국 수영이는 영호에게 싫다고 솔직하게 말하기로 했어요.

"영호야, 나를 괴롭히는 장난은 싫어! 이제 그만해 줘."

"나는 네가 재미있어하는 줄 알았어. 미안해."

영호가 머리를 긁적거리며 대답했어요. 수영이는 영호가 자신을 괴롭히려던 게 아니라는 것을 알 수 있었어요. 그리고 영호도 더 이상 장난을 치지 않았지요. 수영이는 싫은 건 싫다고 말하는 용기가 서로의 마음을 *이해하게 해 준다는 사실을 알게 되었어요.

*참았어요 충동, 감정 등을 억누르고 다스렸어요.
*이해하게 깨달아 알게. 또는 잘 알아서 받아들이게.

밑줄 친 부분을 쭉쭉 따라 써 봐요 읽고 쓴 날   월   일

한 줄 일기를 쓰고 쭉쭉 마음을 키워요

37 내 물건은 내가 챙겨요

아이들이 태권도 수업을 하려고 급하게 *도장 안으로 들어갔어요. 그 바람에 신고 온 신발을 제대로 챙기지 않았지요. 다른 아이들과 달리 동준이는 신발을 벗어서 신발장에 조심스레 넣어 두었어요.

"헤헤, 내 운동화."

오늘 동준이는 가장 아끼는 신발을 신고 왔지요. 그래서 더 *소중하게 챙겼어요.

한 시간 뒤, 태권도 수업이 끝나자 아이들이 우르르 도장 밖으로 나가기 시작했어요. 신발장 앞에서 남의 신발을 밟기도 하고, 자기 신발을 못 찾겠다며 모두 정신이 없었어요.

"야, 내 신발 못 봤어?"

"으악! 내 신발 밟지 마!"

아이들이 자신의 신발을 찾느라 시끄러울 때, 동준이는 신발장에 넣어 둔 자신의 신발을 바로 꺼내 신었어요. 동준이의 신발은 밟히지도, 구겨지지도 않은 채 깨끗했지요.

"역시 내 물건은 내가 잘 챙겨야 해!"

동준이는 반짝반짝한 신발을 보며 씩 웃었답니다.

* 도장 무예를 닦는 곳.
* 소중하게 매우 귀하고 중요하게.

밑줄 친 부분을 쭉쭉 따라 써 봐요　　　　　　　　읽고 쓴 날　　월　　일

한 줄 일기를 쓰고 쭉쭉 마음을 키워요　　　　　☀ ☁ ☂ ☃

38 친한 사이에서도 지켜야 할 것이 있어요

이번 주 토요일은 윤지의 생일이에요. 윤지는 생일 파티에 친구들을 초대하려고 했어요. 그때 민아가 물었어요.

"윤지야, 네 생일 파티에 누구를 초대할 거야?"

"음, 너랑 예지, 윤서, 채아……."

윤지는 친구들의 이름을 하나씩 불렀어요. 그러자 민아가 고개를 저으며 말했어요.

"윤서랑 채아는 빼고, 대신 혜주랑 서우를 부르자! 내가 너랑 제일 *친하니까 네 마음을 잘 알아."

민아의 말을 들은 윤지가 대답했어요.

"민아야, 네가 나랑 친한 건 맞지만, 이건 '내' 생일 파티야. 누구를 초대할지는 내가 정해."

민아는 아차 하는 표정으로 윤지에게 사과했어요.

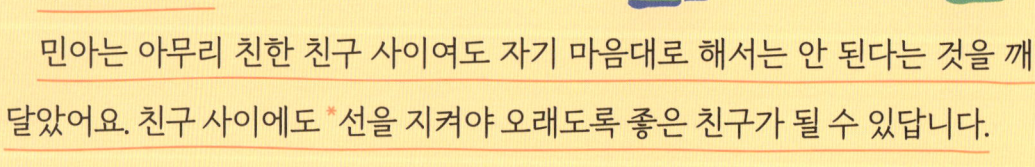

"아, 네 생일인데 내 마음대로 하려고 했어. 미안해."

민아는 아무리 친한 친구 사이여도 자기 마음대로 해서는 안 된다는 것을 깨달았어요. 친구 사이에도 *선을 지켜야 오래도록 좋은 친구가 될 수 있답니다.

*친하니까 가까이 사귀어 친근감을 느끼는 마음이 두터우니까.
*선 다른 것과 구별되는 일정한 한계나 그 한계를 나타내는 기준.

밑줄 친 부분을 쓱쓱 따라 써 봐요 　　　　읽고 쓴 날　　월　　일

한 줄 일기를 쓰고 쓱쓱 마음을 키워요

39 거절할 줄도 알아야 해요

학교에서 벼룩시장이 열리는 날이었어요. 도현이는 용돈으로 마음에 드는 장난감을 사야겠다고 생각했어요. 그런데 시장에 들어서자마자 친구들이 몰려와 말했어요.

"도현아, 나 이거 사 주면 안 돼?"

"나도 갖고 싶은 게 있는데, 네가 좀 사 줘!"

도현이는 차마 *거절하지 못하고 친구들이 부탁하는 물건들을 하나씩 사 주었어요. 친구들에게 고맙다는 인사를 들을 때는 기분이 좋았지만, 돈이 점점 줄어드는 것을 보고 걱정이 되었어요. 그때 도현이가 갖고 싶었던 장난감이 눈앞에 보였어요. 그런데 옆에서 은혜가 머리핀을 사 달라고 했어요. 도현이는 잠시 *망설였지만, 곧 용기를 내어 말했어요.

"미안해. 지금 너를 사 주면 내가 사고 싶은 장난감을 못 살 거 같아."

도현이는 친구들의 부탁을 들어주는 것도 좋지만, 자신의 행복을 위해서는 거절할 줄도 알아야 한다는 사실을 깨달았어요. 그러고는 가벼운 마음으로 장난감을 샀어요.

*거절하지 상대편의 요구, 제안, 선물, 부탁 등을 받아들이지 않고 물리치지.
*망설였지만 이리저리 생각만 하고 태도를 결정하지 못하였지만.

밑줄 친 부분을 쓱쓱 따라 써 봐요 읽고 쓴 날   월   일

한 줄 일기를 쓰고 쑥쑥 마음을 키워요

40 나만의 공간과 시간은 소중해요

　언니는 매일 밤 일기를 쓰고 서랍 속에 일기장을 넣어 두어요. 처음에는 언니가 일기장에 어떤 내용을 썼는지 너무 궁금해서 딱 한 번만 몰래 읽어 보려고 했어요. 그런데 지금은 언니의 일기가 너무 재미있어서 매일 들여다보고 있지요. 그러던 어느 날, 사건이 발생했어요.
　"내 방에서 뭐 해? 혹시 내 일기장을 보고 있는 거야?"
　언니가 화난 표정으로 문 앞에 서 있었어요. 나는 깜짝 놀라 화들짝 일기장을 덮었지요. 언니는 *매서운 눈빛으로 나를 바라보며 말했어요.
　"일기장은 나만의 공간이야. 내 하루와 감정이 다 담겨 있는데, 네가 엿보면 정말 기분이 나빠."
　그 말을 듣는 순간, 내 마음이 '콕' 하고 찔렸어요. 나도 누군가가 내 마음속을 *함부로 들여다보면 속상할 것 같았거든요. 그 후로 나는 다시는 언니의 일기장을 보지 않았어요. 대신 나도 일기를 쓰기 시작했지요. 일기장은 나만의 소중한 공간이자 시간이라는 것을 생각하면서요.

* **매서운** 남이 겁을 낼 만큼 성질이나 기세 등이 매몰차고 날카로운.
* **함부로** 조심하거나 깊이 생각하지 아니하고 마음 내키는 대로 마구.

밑줄 친 부분을 쓱쓱 따라 써 봐요　　　　　　읽고 쓴 날　　월　　일

한 줄 일기를 쓰고 쓱쓱 마음을 키워요

선으로 연결하여 문장을 만들어 봐!

다음 내용을 읽고, 어울리는 말을 선으로 연결하여 문장을 완성해 보세요.

- 나는 슬픈 영화가 끝나자 양쪽 볼에
- 화가 난 준이는 누나를
- 혜리는 친구가 준 편지를 상자에

- 매서운
- 참았던
- 소중히

- 눈으로 쳐다봤어요.
- 넣어 두었어요.
- 눈물이 흘러내렸어요.

쓱쓱 따라 쓰며
쑥쑥 마음을 키웠나요?

언제든지 다시 펼쳐 보고
내 마음의 소리를 들어 보세요.

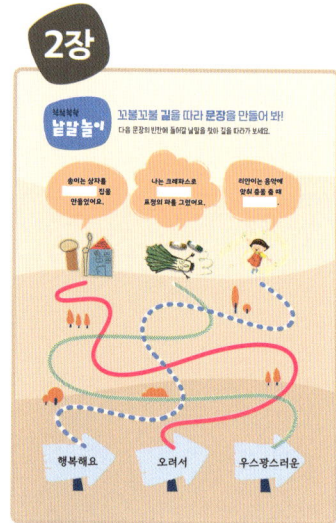

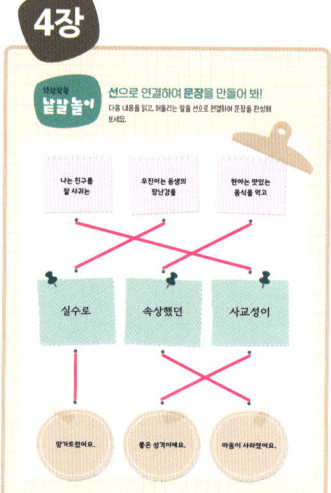
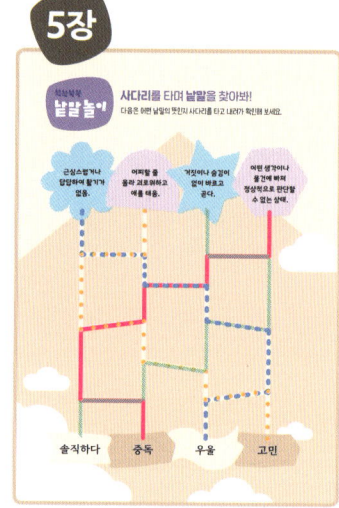
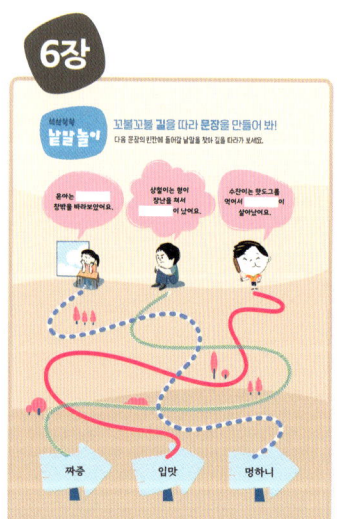

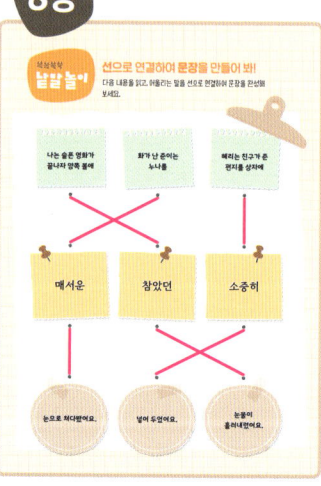

쓱쓱 따라쓰고 **쑥쑥** 성장하기 **1** 나
알록달록 빛나는 나

펴낸날 2026년 1월 1일(초판 1쇄)
펴낸이 주민홍   **펴낸곳** (주)NE능률
주소 서울시 마포구 월드컵북로 396(상암동) 누리꿈스퀘어 비즈니스타워 10층
대표전화 02-2014-7114   **홈페이지** www.neungyule.com

글 이현정, 김서나경, 왕입분
그림 루루, 명하나, 혜경, 유현진, 김경진, 지효진, 정희정, 윤희재
개발책임 장명준   **개발** 류예지, 이해준, 최수미, 박수희
디자인책임 오영숙   **디자인** 안훈정, 조가영, 장수현   **제작책임** 한성일

* 이 책의 저작권은 (주)NE능률에 있습니다.
* 본 교재의 독창적인 내용에 대한 일체의 무단 전재 모방은 법률로 금지되어 있습니다.

등록번호 제1-68호
ISBN 979-11-253-5117-7   **SET** 979-11-253-5116-0